AF278694

UN

DISCOURS DU FELD-MARÉCHAL BLÜCHER

AU

CONSEIL MUNICIPAL DE NANCY EN 1814

———

En décembre 1813, les Alliés envahirent la France; le gouvernement impérial ordonna aux préfets, sous-préfets, receveurs généraux, percepteurs, etc., etc., de se retirer avec l'armée en retraite; on laissait ainsi à l'ennemi l'embarras de créer des administrations dans les départements envahis.

Dans un lot de vieilles affiches, j'en trouve trois, fort intéressantes :

La première (18 janvier 1814), imprimée en français et allemand, annonce aux populations la réorganisation — par les Prussiens — de l'administration du département de la Meurthe (tel qu'il était avant 1870).

La deuxième, des plus curieuses, est un discours prononcé devant la municipalité de Nancy, réorganisée de la veille, par le feld-maréchal *Blücher*; elle est imprimée en français seul.

La troisième, enfin, annonce aux populations l'organisation des routes militaires, étapes, fournitures et transports.

Je les reproduis toutes trois, textuellement :

Du 18 janvier 1814.

Aujourd'hui, dix-huit janvier mil huit cent quatorze.

En vertu des pouvoirs et instructions qui nous ont été transmis par M. le Conseiller d'État, Commissaire général des guerres de S. M. Prussienne, *de Ribbentrop* [1];

Nous, Conseiller intime de S. M. le Roi de Prusse, Intendant du département de la Meurthe, chargé de réorganiser les autorités locales, dissoutes par l'effet de l'entrée des troupes des Puissances alliées, voulant rétablir l'ordre et prévenir les maux qui seraient la suite inévitable de l'état d'anarchie, s'il venait à se prolonger;

Nous sommes transportés en l'hôtel de la Mairie de Nancy, où M. le Maire, les deux adjoints et le Conseil municipal se trouvaient réunis en vertu des ordres que nous leur avions adressés le jour d'hier; et sur-le-champ, nous leur avons enjoint de reprendre leurs fonctions et d'en continuer l'exercice.

Remarquant que le Conseil municipal était incomplet, et qu'à raison des circonstances il y avait nécessité d'augmenter le nombre des membres qui le composent; d'après les renseignements que nous avons pris, nous avons nommé, pour remplir les fonctions de membres dudit Conseil municipal, MM... (Suivent dix-sept noms que l'on peut trouver sur l'affiche.)

Instruit que le Préfet du département, le Secrétaire général et un membre du Conseil de préfecture *s'étaient absentés,* nous avons désigné M. *A...,* premier conseiller de préfecture, pour remplir les fonctions de Préfet du département. M. *A...,* mandé à l'instant même, nous a représenté que son état de maladie et de souffrance l'avait retenu chez lui depuis un mois; que cet état douloureux subsistait toujours et le rendait incapable de toute application; qu'en conséquence, il nous priait instamment de le dispenser de remplir les fonctions auxquelles il était appelé.

Ayant eu égard à ces observations, nous avons fait choix de M. *P...*

De suite, nous avons nommé à la place de Secrétaire général, M. *T...,* et aux places de conseillers de préfecture, MM. *G..., A..., T...* et *C...*

Et pour remplir les fonctions de Sous-Préfet, nous avons désigné M. *M...*

Voulant organiser le service des recettes, nous avons nommé aux fonctions de Receveur général du département, M. *G...,* négociant; aux fonctions de Receveur des contributions de la ville de Nancy, M. *B...;* de Receveur des domaines, M. *T...;* de Payeur des besoins de la guerre et traitements de toute espèce, M. *C...;* de Receveur des deniers municipaux, M. *T...*

1. J'ai conservé l'orthographe des noms propres telle qu'elle se trouve sur les affiches.

Sans avoir égard aux différentes représentations qui nous ont été faites par les personnes ci-dessus désignées, nous leur avons intimé l'ordre d'entrer sur-le-champ en fonctions, en leur déclarant que, d'après la volonté de Son Exc. Monseigneur le Feld-Maréchal Blücher et du Conseiller d'État, Commissaire général des guerres, M. de Ribbentrop, celui qui refuserait d'accepter les fonctions qui lui sont attribuées dans l'intérêt du département, ou de continuer celles qu'il exerçait auparavant serait, sur-le-champ, transporté au delà du Rhin pour y être mis en lieu de sûreté.

Nous leur avons également fait connaître que chacun d'eux serait tenu de nous remettre, dans les vingt-quatre heures, une déclaration ou lettre de reversailles, par lesquelles il s'engage, dans la teneur de la formule annexée au présent acte, à ne rien entreprendre contre les intérêts des Puissances coalisées. *Cette déclaration devra être donnée par chacun d'eux, à peine d'être considéré comme ennemi du bien public, transporté au delà du Rhin et emprisonné jusqu'à la paix.*

Nous avons invité M. le Préfet à donner de suite, et par écrit, à MM. les Sous-Préfets, l'ordre d'entrer en fonction sur-le-champ, et de la bien remplir ; à nommer aux emplois qui pourraient être vacants ; à installer les comptables, leur fournir les instructions nécessaires et leur enjoindre de verser exactement, tous les six jours, à la caisse générale, les deniers dont ils feront le recouvrement.

Tous les trois jours, le Receveur général versera entre mes mains le produit de sa caisse.

Nul Receveur ne pourra payer, sans mon autorisation, aucunes dépenses assignées sur ses recettes.

Il est enjoint à M. le Préfet de réorganiser, sans délai, le service de la poste aux lettres, afin de rétablir la correspondance avec le pays actuellement occupé par les troupes des Puissances coalisées.

Il sera notifié aux Employés des administrations que celui qui se refuserait à remplir les devoirs de sa place, *serait déclaré traître aux Puissances alliées* et traduit devant un conseil militaire pour y être jugé et puni.

Le présent acte sera soumis à la sanction de Son Exc. Monseigneur le Feld-Maréchal Blücher, imprimé, affiché partout où besoin sera, déposé au Secrétariat de la Préfecture et transcrit sur les registres de la Municipalité de Nancy.

Fait à Nancy, le dit jour, dix-huit janvier dix-huit cent quatorze.

RIBENTROP,
Commissaire général des guerres de l'armée prussienne
et Conseiller d'État.

DE MARQUARD,
Conseiller intime de Sa Majesté le Roi de Prusse,
Intendant du département de la Meurthe.

Vu et approuvé :
BLÜCHER.

Voici la « formule de revers » que tous les membres doivent signer :

Je, soussigné, N..., nommé aux fonctions de..., déclare me soumettre aux obligations qui me sont imposées par l'acte de M. l'Intendant du département de la Meurthe, approuvé par Son Exc. Monseigneur le Feld-Maréchal Blücher, en date du 18 janvier 1814, et m'engage à ne rien entreprendre contre les intérêts des Puissances coalisées [1].

La seconde contient le discours prononcé par le maréchal Blücher aux membres de la municipalité de Nancy, dès que celle-ci fut réorganisée (19 janvier 1814); ce discours fut imprimé et affiché :

Messieurs! Je suis content des sentimens que vous m'avez exprimés dans votre discours.

La juste Providence a porté nos armes sur le territoire français; toute

---

1. Au début de janvier 1814, les Prussiens avaient fait saisir le maire et les adjoints de Nancy. Le Conseil municipal se réunit alors d'office le 14 janvier à minuit et : « Considérant que le maire et les adjoints ont été enlevés par force majeure dans l'exercice de leurs fonctions pour garantie et nantissement des quinze mille francs requis et qui ont été de suite produits; que ces magistrats ne peuvent prendre part aux mesures convenables dans les circonstances présentes, le Conseil déclare qu'il s'abstient de l'exercice de ses fonctions. »

Mais le maire et les adjoints furent rendus à la liberté et force fut au Conseil de recevoir, le 17 janvier, le feld-maréchal Blücher. Le maire Lallemand lui adressa le discours suivant, conservé dans la collection des placards de la bibliothèque de la ville :

« Le Conseil municipal de la ville de Nancy à Son Exc. M. le Maréchal de Blücher. — Votre Excellence, Les Magistrats de la ville de Nancy, abandonnés à eux-mêmes, ont l'honneur de vous remettre la Proclamation qu'ils ont faite aux Habitans, au moment de l'arrivée de votre armée; vous y lirez, Monseigneur, que leur désir bien prononcé est de rester calmes, et de ne rien entreprendre qui puisse diminuer la bienveillance que nous promet la Proclamation de Votre Excellence. C'est au nom de tous les Habitans que nous vous en donnons l'assurance, et nous pouvons être les garans, Monsieur le Maréchal, que tous les citoyens pensent comme nous. C'est aussi en leur nom que nous invoquons votre protection.

« Le Conseil municipal a arrêté que le présent Discours serait imprimé au nombre de six cents exemplaires, et inséré sur ses registres comme étant l'expression de ses sentimens.

« Nancy, le 17 janvier 1814.   « Pour ampliation :

« Signé : LALLEMAND, maire. »

Et, en effet, ce discours se trouve dans les registres du corps municipal, n° 31, p. 4.

Europe enfin a été éveillée de sa fausse sécurité, par l'insatiable ambition de celui qui dispose depuis quatorze ans des destinées de la France.

Les peuples du Wolga, du Danube, de l'Elbe, de la Tamise, du Tage, ont quitté leurs foyers et se trouvent maintenant sur le sol de cette France jadis si heureuse.

Plusieurs de ces Peuples étaient autrefois les amis et les partisans de la France, tous en sont devenus les ennemis! Et quel en a été le motif? L'ambition turbulente et infatigable d'un seul : c'est lui qui a rendu guerriers ceux même de ces Peuples qui ne l'étaient point, parce qu'ils ne pouvaient plus supporter l'humiliation et la honte dont il les avait couvert, et l'oppression et les brigandages de ses satellites. Jettez vos regards sur les Portugais qui combattent sur les rives de la Garonne; on les compte maintenant parmi les meilleures troupes de l'Europe; sur ces Hollandais qui, d'un commun accord, ont secoué le joug odieux et lèvent le bouclier contre vous!

Dieu, enfin, dans sa justice, a rendu un jugement sévère : six cent mille Français ont disparu de la surface de la terre en deux campagnes. Déplorables victimes de l'ambition démesurée d'un conquérant, qui ne semble prodigue du sang français que parce qu'il n'est pas le sien.

Et que vois-je en France pour prix de tant de sang versé ?.Une génération entière, les jeunes gens de vingt à trente ans, disparus de dessus la terre; la guerre les a dévorés : le numéraire hors de circulation, le commerce anéanti, l'industrie languissante, l'agriculture sans encouragement, le Peuple soupirant sous le fardeau d'énormes impôts; des gens d'armes arrachant des milliers de conscrits du sein de leurs familles, et les traînant par force sous les drapeaux de l'ambitieux qui les laisse périr faute de prévoyance et de soins pour leur nourriture; des espions soldés dans toutes les sociétés, qui décèlent à *Savary,* leur chef, les plaintes et les soupirs qu'arrache le malheur; des commissions militaires et spéciales condamnant à la mort, aux galères, à un emprisonnement perpétuel, les citoyens qui osent se plaindre de l'autorité absolue et arbitraire. Et c'est-là le prix des guerres continuelles, par lesquelles tant de Peuples de l'univers ont été rendus si malheureux! C'est donc pour des Généraux, pour des Intendans, pour des Commissaires enrichis par le pillage de nos provinces et par les exactions les plus honteuses, que vous avez tant souffert! Peuple malheureux!

Souvent nous avons offert la paix; nous l'aurions achetée par de grands sacrifices. Elle fut ou rejetée avec hauteur, ou par des réponses doubles et perfides qui ne montrèrent que le dessein de gagner du temps. Il nous faut donc la chercher, les armes à la main, sur votre territoire, dans votre capitale même, s'il est nécessaire. Eh bien! la valeur religieuse et sublime de nos troupes saura la conquérir ; et avec elle notre indépendance nationale, et la liberté du commerce et celle des mers : car c'est nous qui combattons pour cette liberté des mers, et non pas le chef qui vous gouverne, et qui voudrait au contraire fermer tous les ports de mer que la Providence a creusés pour le bien-être des nations.

Je regrette de ne pouvoir vous épargner tous les maux et les inconvéniens inséparables de la guerre. Je ferai tout ce qui dépendra de moi pour en alléger le poids. Nous dédaignons de nous venger des dévastations qui ont été commises par vos armées dans nos provinces : nous ne faisons la guerre qu'à ceux qui voudraient l'éterniser.

Je vais abolir les impôts les plus odieux, les droits-réunis, la gabelle, et modifier les droits d'enregistrement. *Puissé-je pour vous nommément, braves Lorrains, ramener le bon vieux temps dont jouirent vos ancêtres sous le gouvernement doux et paternel de vos anciens Ducs*[1] !

On remarquera cette dernière phrase, qui insinuait aux Lorrains de reprendre leur ancienne indépendance.

Le 9 mars suivant, on affichait la proclamation suivante ; elle était imprimée en deux langues, français et allemand :

Les routes militaires, étant totalement organisées, mettront fin aux justes plaintes qui se sont élevées de toutes parts, par les militaires qui ne trouvent pas sur leur passage les subsistances et les moyens de transport nécessaires, et par les habitants du pays qui ont été exposés aux réquisitions arbitraires et aux violences des militaires. Les militaires trouveront, dans les lieux d'étapes, leurs subsistances, leurs fourrages et les moyens de transport ; et ceux qui se permettront une réquisition arbitraire, quelle qu'elle soit, et surtout qui oseront arrêter, ou faire détourner de sa route, un conducteur destiné pour le transport, et qui, signalé par une plaque devant le chapeau, ainsi que ceux qui se permettront des violences ou des pillages, seront conduits devant un conseil de guerre et punis d'après la rigueur des lois.

Les habitants du pays, garantis par cette mesure de toute vexation et violence des militaires, suivront ponctuellement les ordres qui leur

---

1. La Bibliothèque de Nancy possède cette affiche dans sa collection de placards. L'affiche avait été imprimée à 5,000 exemplaires. Cf. Cayon, *Histoire de Nancy*, 373.

rviendront pour les fournitures des subsistances et des moyens de trans-
rt ; et ceux qui n'obéiront pas seront également arrêtés, conduits de-
nt un conseil de guerre et punis comme agitateurs et ennemis du bon
dre.

Nancy, le 9 mars 1814.

Le Gouverneur général :
> *D'Alopeus ;*

> Le Général commandant en chef les troupes
> dans le gouvernement :
> *Prince Biron de Courlande ;*

Le Conseiller du gouvernement :
> *De Bonin.*

A. FOURNIER.

Nancy, imprimerie Berger-Levrault et Cie.

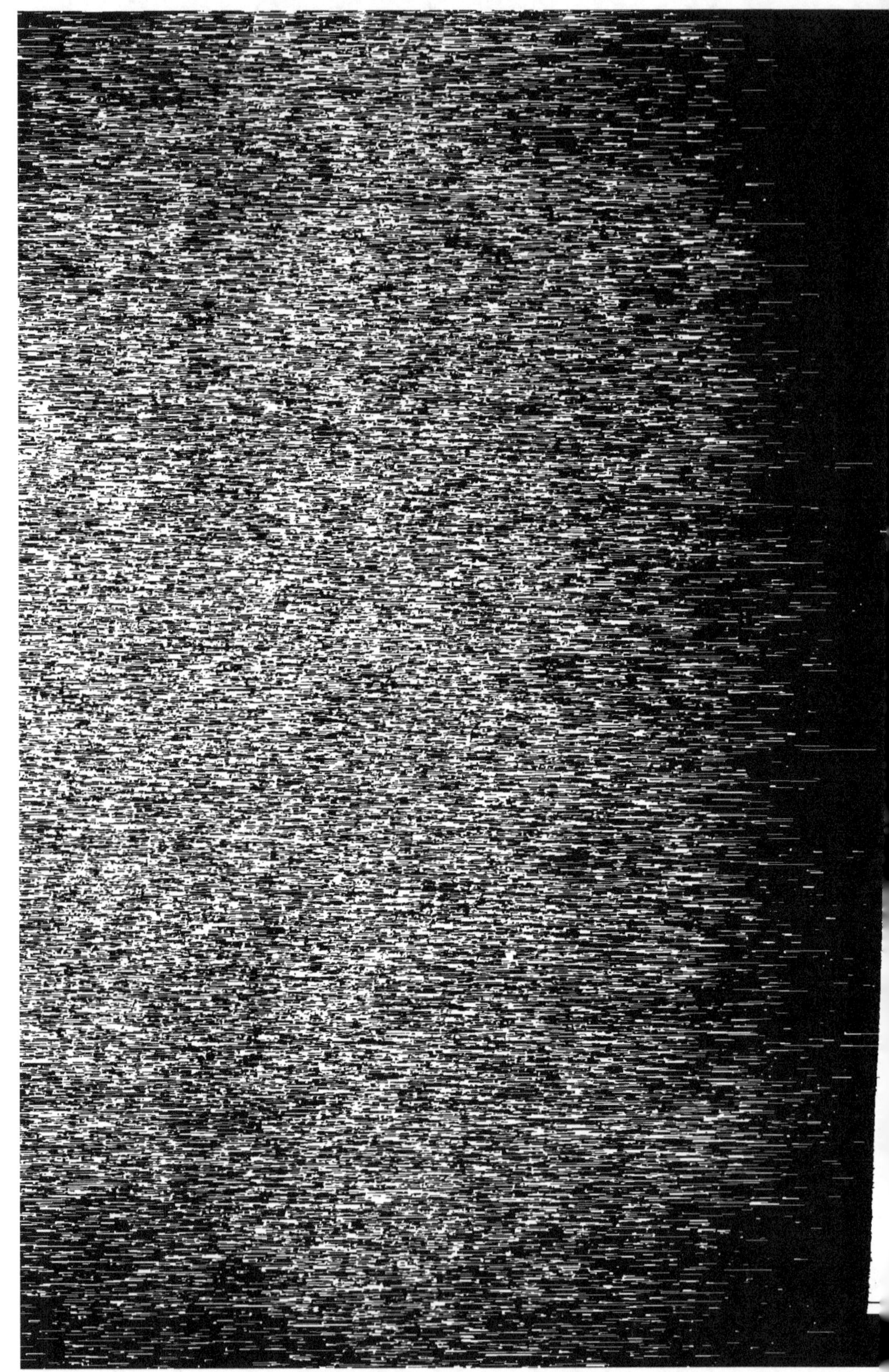